Die Bertie-Story

Eine Geschichte von Annette Boxdörfer
über Mit- und Dagegenschwimmer

kawohl

Hallo, Leute -

so allein gegen den Strom zu schwimmen,
mit einer Fünf in „Ausdauertraining der Schnellflossenschwimmer"
im Halbjahreszeugnis, das muss erst mal einer schaffen!

Und das war auch gar nicht so einfach ...
Für wen? Na, für Bertie.

Ach ja,
ihr kennt Bertie
ja noch nicht:

Das ist Bertie.

Tja, und Bertie war
gerade mal in den
„schwierigen Jahren".

Ihr wisst schon ...
man hört lieber
auf seine coolen Freunde
als auf kluge Ratschläge
von Erwachsenen.
Schon gar nicht auf die
von den eigenen Eltern.

Man probiert einiges aus ...
Flossen-Piercings.

Bertie hat sich sogar
einige Hauptschuppen
hochstylen lassen.

Echt cool.

Okay, begonnen hat die Geschichte so:

Eines schönen Sommertages trafen sich Bertie und seine Clique wieder an der Flussbiegung. Aber diesmal ging's voll ab, es wurde heftig diskutiert, ob man nicht mal gegen alle Warnungen der Eltern den Fluss in Richtung Meer verlassen sollte.

„Ab ins Meer, da kriegste mehr!" oder „Raus aus dem Sumpf hier, ab ins volle Leben!", so lauteten die Slogans. Bertie fuhr total drauf ab, er war schon als Kind sehr neugierig gewesen und wollte seit langem wissen, wohin der Fluss wohl fließen würde. Gegen die Strömung zu schwimmen war noch nie seine Sache gewesen. Zu anstrengend – da hätte er wohl oder übel im Ausdauertraining der Schnellflossenschwimmer weniger schwänzen dürfen.

Der Entschluss stand fest. Bertie schwamm grad noch mal heim, um seinen Kram für die Reise zu packen. Etwas zum Futtern und etwas zusammengesparten Kies, doch dieser würde wohl kaum für so 'ne lange Tour reichen.

„So 'ne Krötenpleite, doch noch schnell Papa anpumpen!"

Komischerweise machten seine Eltern gar kein so großes Gezeter wie befürchtet. Sie wirkten beide nur etwas sorgenvoll und fragten mehrmals, ob er sich das auch gut überlegt habe.

Er bekam von seinem Vater auch den restlichen Jahrestaschenkies mit für die Reise. Leicht gerührt nahm er ihn und die ganzen Ratschläge entgegen.

„Bloß weg hier, sonst wird 's noch zu melancholisch!", dachte er sich und fort war er.

Auch seine Clique hatte es sehr eilig,
die waren gar nicht mehr zu bremsen.
Bald sah Bertie alle nur noch von hinten.

„Ey, wartet mal!", rief er noch,
doch die andern ließen sich nicht aufhalten.

„Angeber, nur weil sie vor Tine
wieder die großen Macher raushängen
lassen wollen!", blubberte er mürrisch
vor sich hin.

Als er am nächsten Tag erschöpft
im großen Meer ankam, war keiner
mehr von ihnen zu sehen.

Das große Verlangen nach **MEEHR**
hatte sie vorangetrieben.

MEER
UELLE

Bertie war während der ersten Erkundungstouren noch total begeistert, doch bald sollte sich sein Bild von dem wunderbaren MEEHR trüben.

Eines Morgens, wieder voll Abenteuerlust, inspizierte er neugierig eine eigenartig aussehende Schlange. Doch gerade als er sich das vordere Teil genauer ansehen wollte, spie diese ihm 'ne wirklich obereklige Brühe ins Gesicht.

„Örgh, iiiih, Krötenlaich und Unkenpisse! Womit hab ich das nur verdient, das ist ja zum Kotzen!", schimpfte er vor sich hin, während er vergeblich versuchte, sich mit einigen frischen Algen das Gesicht abzurubbeln.

?!
Splash
Öch
Öch

öch

Einige Stunden später, er hatte die unangenehme Begebenheit schon vergessen, wurde ihm ganz unheimlich zumute, denn die Wasseroberfläche wurde immer düsterer und das Tageslicht erreichte kaum noch den Meeresboden.

Es gab hier nur Schlamm, tote Algen, widerwärtige Polypen und hin und wieder trieben ein paar wenige, krank aussehende Fische umher. Dicht über ihm lag nun ein tiefschwarzer Schatten und ein längliches, riesiges, dunkles Etwas.

Seine Nackenschuppen standen zu Berge und er fühlte einen eiskalten Schauer über seinen Rücken gleiten. „Nur weg hier!" Er nahm alle seine Flossen zusammen, um von diesem unheilvollen Ort wegzukommen.

Auf der Flucht bemerkte er noch einen alten, vergreisten Fisch, welcher sorgenvoll vor sich hin murmelte: „Das ist die Gier, mein Junge, die Gier nach immer MEEHR, eine stinkende, tödliche Schlacke, die uns blind macht und den Atem nimmt!"

Die nächsten Tage wurden erholsamer und vielversprechender. Er hatte viel Zeit träumend in den Felsenriffen zwischen den Korallen und den Schlingpflanzen herumzutollen und mit einigen schicken Fischmädels zu flirten. Doch an diesem Tag traf er die Frau seines Lebens.

„Boah, ey, - das is 'ne heiße Braut!" Wie vom Donner gerührt ließ er seine Tasche fallen, lief purpurrot an und schwebte wie hypnotisiert vor einer übertrieben aufgedonnerten Fischdame.

Doch was unser guter Bertie in seinem Entzücken nicht bemerkte, war die Tatsache, dass dies eine gemeine Attrappe war, um dumme Jungs zu angeln.

Denn nun kam der Haken an der ganzen Sache und der tat ziemlich weh!
Bertie konnte sich nur mit allergrößter Mühe von ihm befreien, hatte aber eine tiefe Wunde an der Rückenflosse und seine Tasche war weg, unauffindbar in eine Felsspalte gerutscht.

Die anderen Mädels lachten ihn aus und kehrten ihm nun die Schwanzflossen zu.
Der greise Fisch kam bedächtig vorbeigeschwommen und blubberte leise vor sich hin:
„Die wirkliche Liebe findet man nie im MEEHR, es sind nur die Attrappen,
die hier herumschwimmen, vieles versprechen, aber tiefe Wunden hinterlassen."
Bertie konnte dies im Moment nicht verstehen und schwamm wütend und enttäuscht davon.

Einige Tage trieb er missmutig und verärgert durchs Meer.

Bald verspürte er ein bohrendes Gefühl in der Magengegend. Er hatte bisher nur Fast-Food von der Westsee-Imbisskette gekauft, denn von der rohen Fischnahrung, die so im Ozean herumschwamm, bekam er Magenschmerzen. Aber sein Kies war weg.

„Warum musste ich nur ausgerechnet meine Tasche fallen lassen, ich Hornochsenfisch!", ärgerte er sich und starrte vor sich her.

Dabei bemerkte er nicht, dass sich ein riesiges Fischernetz über ihm ausbreitete.

Im letzten Moment schreckte er aus seinem Selbstmitleid auf und konnte dem Netz ausweichen.

Wenige Stunden später erblickte der erschöpfte Bertie ein riesiges Monster hinter sich.

Mit letzter Kraft versuchte er, jede Flosse
auf den höchsten Gang zu bringen,
doch alle Mühen waren umsonst.

Es war ihm blitzschnell auf die Schuppen gerückt,
hatte messerscharfe Zähne, die wie frisch polierte
Klingen glänzten. Das Monster bewegte sich wenige
Millimeter hinter seiner Schwanzflosse und öffnete
seinen riesigen Schlund. Bertie konnte schon
den warmen, faulig riechenden Atem
auf seinen Schuppen spüren.

Da – eine Felsspalte!
Wusch!

Gerade noch rechtzeitig konnte er abtauchen
und sich in einer kleinen Felsritze
verstecken.

Das war knapp!

Als die Luft rein war, schwamm er vorsichtig hervor und ließ sich erschöpft ins Seegras sinken. Schweißperlen standen ihm immer noch auf der Stirn und er zitterte bis in jede einzelne Schuppe und Flossenspitze.

Hinter sich hörte er jemanden traurig seufzen:
„Macht, Habgier und Hochmut werden oft zu Netzen, die gefangen nehmen oder gar zu alles verschlingenden Ungetümen! Schwimm fort, junger Fisch, weg von allem, was gefangen nimmt. Die wirkliche Freiheit findest du nur im klaren Wasser, an der Quelle aller Ursprünge!"

Es wurde still. Bertie fing an zu heulen – ist irgendwie uncool, denkt ihr euch vielleicht, noch dazu als Junge – aber er war echt fertig mit den Nerven!

„Ich hab keinen Bock mehr auf MEEHR – mir reichts!
Ich will wieder zurück zum Fluss und es ist mir total egal, was alle andern denken!"

BUH UHUHU
?

So kehrte Bertie
um und traf doch glatt
seine Freunde wieder.

Sie schwammen
auf ihn zu und sahen
ziemlich fertig aus.

Sie wollten nichts
von seinem Vorschlag
umzukehren wissen.

„Mann, du bist
doch voll blöd!"

„Bertielein
will wieder heim
zu Mami!"

„Feigling! Spießer!"

„Hahahahahaha!"

Die doofen Kommentare machten Bertie erst recht sauer:
„Hey, seht euch doch mal an! Ihr merkt doch gar nicht, dass ihr euch kaputt macht!
Das is voll blöd! Ich jedenfalls schwimm zurück!"

Sicher und entschlossen zog er an ihren verdutzten Gesichtern vorüber.

Doch das Vorhaben war leichter gesagt als getan. Jeder zurückgelegte Weg benötigte nun die doppelte, wenn nicht gar die dreifache Zeit. Und das Anschwimmen gegen die Strömung bedeutete auch doppelten Kraftaufwand. Jetzt bereute er, dass er so viel im Ausdauertraining geschwänzt hatte. Doch Berties Wille war stark und das gab ihm Kraft weiterzumachen.

So kam Bertie nach vielen Tagen müde und erschöpft zurück in den Fluss.

Doch bei aller Freude kam ihm jetzt ein beunruhigender Gedanke:
„Ja, verquirlter Krötenlaich, wie mach ich Papa klar,
dass ich den ganzen Jahrestaschenkies verloren hab!"

Bertie grübelte nach den richtigen Worten, auch war er sehr verlegen und schämte sich ein wenig.

Er erwartete von seinen Eltern Worte wie „Wir haben dich ja gewarnt." oder „Übermut tut selten gut." Und wahrscheinlich würden sie ihm eine dicke Strafe aufbrummen ...

„Argh, da kommt Papa schon angeschwommen!"

Bertie war ganz
von den Flossen.
Sein Vater kam
freudestrahlend
mit Tränen in den
Augen auf ihn zu
und umarmte ihn so,
als hätte er Bertie
Jahrzehnte nicht
mehr gesehen.
Auch seine Mutter
drückte ihn herzlich.

Bertie entschuldigte
sich wegen des Kieses,
doch es fiel kein
böses Wort darüber.

Es wurde sogar
eine große Party
gefeiert. Alle
Familienmitglieder,
Freunde und Nachbarn
waren eingeladen.

„Schön, dass du wieder
gesund da bist, Bertie!
Wir haben dich alle vermisst!"

Bertie dachte in den nächsten Tagen viel über seine vergangenen Erlebnisse nach und grübelte über die Worte des alten Fisches im Meer - was hatte dieser immer vor sich hingeblubbert?

Viel später, als Bertie älter war, konnte er allmählich deren Sinn verstehen.

Und eines Tages packte er erneut seine Sachen und machte sich auf die Reise.
Wohin?

Weiter gegen den Strom, in Richtung Quelle - sozusagen zum MEHR an KLARHEIT.

Die Sicht und das Wasser wird immer besser und reiner und je näher er der Quelle, dem Ursprung allen Lebens kommt, umso mehr begreift er, um was es in diesem Leben geht und was für ihn wichtig ist.

Sein neues Motto lautet nun:

GEGEN DEN STROM UND AUF ZUR QUELLE;
DA WIRSTE HELLE UND SIEHSTE KLAR; DAS IS ECHT WAHR!

„Wie genial ist deine Güte, Gott,
dass wir als deine Kids bei dir total geborgen und beschützt sind,
wir haben immer genug zu essen und zu trinken bei dir.

Denn bei dir ist die Quelle, die uns das Leben schenkt
und wenn wir in deinem Licht stehen sehen wir klar!
(frei nach König David, Psalm 36,10)

Von Annette Boxdörfer gibt es noch weitere Zeichnungen,
die als Postkarten und auch als Kalender im Kawohl-Verlag erhältlich sind.

Die Kawohl-Verlagsproduktion umfasst Bücher, Kalender, Foto-Poster, Karten und vieles
andere mehr. Fragen Sie nach unserer Produktion oder fordern Sie Prospekte an.
Kawohl-Verlag 46485 Wesel www.kawohl.de

kawohl